Foto-Workshop

Mit vielen Tipps für schönere Fotos

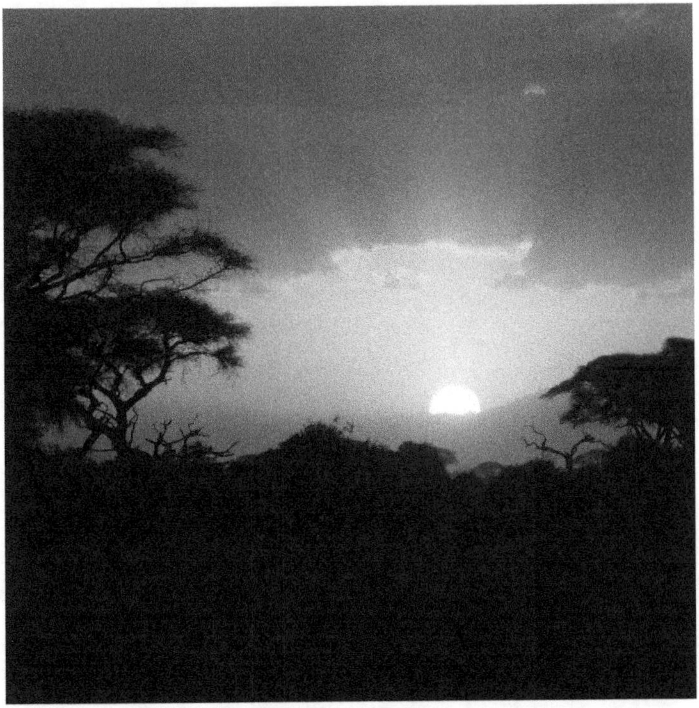

Marc Farmann

Copyright © 2018 Marc Farmann
Alle Rechte vorbehalten.

Vorwort

Im vorliegenden Buch erfahren Sie kurz und prägnant wie Sie ihre Fotos durch Beachtung einfacher Regeln verbessern können.

Das Buch erklärt die wichtigsten Grundlagen der Fotografie und die häufigsten Fehler bei der Aufnahme der Bilder.

Empfehlungen zur weiteren Bearbeitung der Bilder am PC, Tipps für sinnvolles Foto-Zubehör und Links zu Internetseiten für weiterführende Informationen runden das Buch ab.

Viel Spaß!

Inhalt

Theorie 7
   Belichtungszeit 8
   Blende 10
   ISO-Wert 12
   Weißabgleich 13
   Brennweite 14
      Weitwinkelobjektiv 15
      Normalobjektiv 16
      Teleobjektiv 17
   Kameragröße 19
      Spiegelreflexkamera 19
      Kompaktkamera 20
      Smartphone-Kamera 21
Fotos aufnehmen 22
   Format 22
   Goldener Schnitt 26
   Horizont 29
   Licht 30
      Blitzlicht 32
      HDR-Bild 34
   Tiefenschärfe 35
   Motiv-Programme 39
      Landschaft 39

Makro 39
Nacht 40
Porträt 40
Sport 40
Farbe **41**
Bildausschnitt **42**
Perspektive **43**
Landschaftsfotografie **43**
Architekturfotografie **45**
Porträtfotografie **48**
Sportfotografie **49**
Bildfehler **50**

Bild unscharf **50**
Autofokus 50
Verwacklung 51
Makroaufnahme 51
Bildrand 52
Bildrauschen **52**
Gegenlicht **53**
Licht und Schatten **54**
Fotos sichern **56**

Datensicherung 57
Bilddatenbank 60
Fotos bearbeiten **61**

Horizont waagerecht ausrichten **62**
Bildausschnitt optimieren **63**

5

Kontrast optimieren 64
Farben korrigieren 65
Stürzende Linien beseitigen 66
Fotorecht 68
   Urheberrecht 68
   Recht am eigenen Bild 69
Zubehör 70
   Stromversorgung 70
   Speicherkarten 70
   Blitzlicht 71
   Filter 71
      Polarisationsfilter 72
      Neutraldichtefilter 72
      Skylightfilter 73
Fotos drucken 74

weiterführende Links 75

   allgemeine Infos 75
   Bildbearbeitungsprogramme 75
   Fotodienstleister 76

Theorie

Im nachfolgenden ist die Theorie so kurz wie möglich gehalten. Weitere vertiefende Informationen enthalten Sie unter den vermerkten Links.

Sie benötigen für ein gutes Bild immer genügend Licht. Im ungünstigen Fall kann es sein, dass es nicht möglich ist ein vernünftiges Bild zu machen.

Sie können die theoretischen optischen Vorgänge mit einem Glas Bier vergleichen welches nur voll und richtig temperiert perfekt eingeschenkt ist. Über den Geschmack des eingeschenkten Bieres lässt es sich dann weiter debattieren.

Um ein Bierglas zu füllen benötigen Sie Zeit bis das Glas voll ist (Belichtungszeit). Sie können den Bierhahn weiter aufdrehen und damit die Durchflussmenge erhöhen (Blende weiter öffnen). Sie können die Größe des Glases (den ISO-Wert, die Lichtempfindlichkeit) verändern. Ein kleines Glas ist schneller voll als ein großes Glas.

Diese 3 Werte bilden immer eine Einheit. Verändern Sie einen Wert (z.B. die Zeit) müssen Sie auch die anderen Werte (Blende, ISO-Wert) anpassen, sonst wird das Bild nicht optimal belichtet bzw. das Bierglas nicht richtig gefüllt.

Jeder Wert hat Nebenwirkungen die Sie bewusst einsetzen können. Eine hohe Durchflussmenge erzeugt viel Schaum im Glas.

Belichtungszeit

Wenn nur ein kleiner Strahl aus dem Bierfass tropft müssen Sie die Zeit verlängern damit das Glas Bier voll wird. Sie verlängern also die Zeit der Belichtung.

Beachten Sie, dass Sie ab einer Belichtungszeit von weniger als 1/25 Sekunde (Normalobjektiv) die Kamera nicht mehr ruhig in der Hand halten können. Es erhöht sich bei langen Belichtungszeiten sehr stark die Gefahr, dass das Bild durch Verwacklung unscharf wird. Lassen Sie sich dazu die Belichtungszeit, die Blende, den ISO-Wert auf dem Monitor vor dem Auslösen des Fotos anzeigen (Konfiguration der Kamera). Passen Sie eventuell ISO-Wert und/oder Blende an.

Bei den meisten Kameras erfolgt bei langer Verschlusszeit eine Warnung vor Verwacklung auf dem Monitor. Nehmen Sie diese Warnung ernst.

Legen Sie die Kamera bei langen Belichtungszeiten auf. Zur Not kann dies der eigene Körper (Kopf, Brust,...) sein. Besser geeignet sind feststehende Gegenstände an die sie die Kamera anlehnen können (Bänke, Türrahmen,...). Der Profi hat immer ein Stativ mit. Damit vermeidet er Verwacklungen bei langen Belichtungszeiten.

Problematisch wird es bei schnellen Hauptmotiven. Diese werden durch ihre Geschwindigkeit unscharf wenn Sie zu lange belichten.

Hier können Sie die Kamera in der gleichen Geschwindigkeit bewegen wie das Hauptmotiv. Dadurch bleibt das Hauptmotiv scharf und der Hintergrund wird unscharf. In der Praxis wird es ihnen leider nur selten gelingen die Kamera tatsächlich so zu bewegen, dass das Hauptmotiv wirklich perfekt scharf wird.

Fließendes Wasser erscheint lange belichtet oft fließend verschwommen, dies ist manchmal so gewollt. Sehr kurz belichtet erscheint fließendes Wasser oft wie zu Eis erstarrt. Dies ist manchmal unerwünscht.

Wenn Sie ein Objekt nicht absichtlich unscharf darstellen wollen empfiehlt sich eine möglichst kurze Belichtungszeit. Damit reduzieren Sie die Gefahr der Verwacklung.

Siehe auch:
https://de.wikipedia.org/wiki/Belichtungszeit

Blende

Sie können den Bierhahn weiter aufdrehen und damit die Durchflussmenge erhöhen. Damit ist das Bierglas in einer kürzeren Zeit gefüllt. Dies hat aber Nebenwirkungen wie die Schaumbildung.

In der Fotografie entspricht dies der Vergrößerung der Blende. Das Loch vor dem Sensor hat immer einen unterschiedlichen Durchmesser, je nach Lichtmenge.

Bei Blende 8 ist diese etwa halb offen. Es kommt in etwa nur die Hälfte des Lichts durch. Es gibt die Regel "Blende 8, Sonne lacht".

Je größer die Blendenöffnung, desto kleiner ist der Wert für die Blende (z.B. Blende 2,8 - fast voll offen). Es kommt das maximal mögliche Licht durch das Objektiv am Sensor an.

Je höher die Zahl der Blende desto kleiner ist das Loch, welches das Licht durchlässt (z.B. Blende 22 - fast voll geschlossen).

Teure Kameras haben sehr große Objektive und große Bildsensoren und können auch bei schlechtem Licht noch ordentliche Fotos machen. Smartphones haben nur sehr kleine Objektive und kleine Bildsensoren und kommen bei schlechtem Licht oft schnell an die Grenze. Kompaktkameras bilden die Mitte.

Die Blende hat direkten Einfluss auf die Tiefenschärfe, den Bereich in dem die Dinge scharf abgebildet werden. Alle außerhalb des Tiefenschärfe-Bereiches liegenden Objekte werden unscharf.

Eine hohe Tiefenschärfe erreichen Sie durch Nutzung einer kleinen Blendenöffnung (hohe Zahl). Die Belichtungszeit muss natürlich der Blende entsprechen. Bei einer kleinen Blendenöffnung müssen Sie die Belichtungszeit verlängern.

Die Tiefenschärfe können Sie künstlerisch nutzen und den unwichtigen Hintergrund unscharf darstellen. (siehe Kapitel "Fotos aufnehmen/Tiefenschärfe")

Siehe auch:
https://de.wikipedia.org/wiki/Blende_(Optik)

https://de.wikipedia.org/wiki/Sch%C3%A4rfentiefe

https://de.wikipedia.org/wiki/Bildsensor

ISO-Wert

Alternativ können Sie bei schlechten Lichtverhältnissen den ISO-Wert, die Lichtempfindlichkeit, erhöhen. Übertragen bedeutet dies - das Bierglas verkleinern. Das 0,3 Liter-Glas ist schneller voll als das 0,5 Liter-Glas. Bei sehr viel Licht können Sie den ISO-Wert auch verkleinern - also das Bierglas vergrößern.

ISO 100 ist die durchschnittliche Lichtempfindlichkeit. Dies entspricht der alten Einheit 21 DIN. Früher haben Sie einen Film mit einer speziellen Lichtempfindlichkeit in die Kamera eingelegt (z.B. 21 DIN) und mussten den gesamten Film mit dieser vorher festgelegten Lichtempfindlichkeit fotografieren.

In der Digitalfotografie können Sie die Lichtempfindlichkeit von Bild zu Bild neu wählen. Bei einer hohen Lichtempfindlichkeit werden die Licht-Signale stark verstärkt, was aber zu Bildfehlern führen kann, da dann Störsignale verstärkt werden die mit dem eigentlichen Bild nichts zu tun haben.

Bei einer Lichtempfindlichkeit größer ISO 400 kann es zu Farbfehlern auf dem Bild kommen. Dies ist von Kamera zu Kamera unterschiedlich - siehe dazu auch Kapitel "Bildfehler/Bildrauschen".

Siehe auch:
https://de.wikipedia.org/wiki/Filmempfindlichkeit

Weißabgleich

Der Weißabgleich ist vergleichbar mit der Temperatur des Bieres. Nur wenn die Temperatur stimmig ist schmeckt das Bier auch perfekt.

Stellen Sie im Idealfall die Lichttemperatur für das Motiv an der Kamera richtig ein. Dann werden die Farben optimal wiedergegeben. Hier können Sie auch probieren und das gleiche Motiv mit unterschiedlichen Programmen und/oder unterschiedlichem Weißabgleich aufnehmen.

Das Licht hat verschiedene Farbtemperaturen.
Tageslicht: 5 500 Kelvin,
Blitzlicht: 5 500 Kelvin,
Glühlampe (100 W):   2 800 Kelvin,
Kerze: 1 500 Kelvin,
Blaue Stunde: 10 000 Kelvin

Je höher der Kelvin-Wert, desto blau-stichiger sind die Bilder ohne Weißabgleich. Je niedriger der Kelvin-Wert, desto orange-stichiger sind die Bilder ohne Weißabgleich. Sollten Sie mit den Farben des Bildes nicht zufrieden sein, so können Sie diese auch später bei der Nachbearbeitung am PC noch verändern.

Siehe auch:
https://de.wikipedia.org/wiki/Wei%C3%9Fabgleich

https://de.wikipedia.org/wiki/Farbtemperatur

Brennweite

Mit unterschiedlichen Objektiven gelingen Ihnen sehr unterschiedliche Bilder.

Oft sind in den Kameras Objektive eingebaut, welche vom Weitwinkelobjektiv bis zum Teleobjektiv stufenlos zoomen, so dass hier kaum Wünsche offen bleiben. Sie können damit den Bildausschnitt bereits bei der Aufnahme optimal einstellen.

Zusätzlich ändert sich durch die Brennweite die Tiefenschärfe, welches Sie geschickt ausnutzen können. Mit einem Teleobjektiv haben Sie theoretisch eine geringere Tiefenschärfe als mit einem Weitwinkelobjektiv. Durch den höheren Abstand vom Hauptmotiv wird die geringere Tiefenschärfe bei großer Brennweite (Teleobjektiv) allerdings wieder erhöht.

Leider hat dieser Vorteil auch seine Nachteile. Die Bilder werden teilweise verzerrt und besonders an den Rändern unscharf. Die Verzerrungen können Sie später bei der Nachbearbeitung wieder entfernen. Dies kostet aber Zeit.

Siehe auch:
https://de.wikipedia.org/wiki/Brennweite

https://de.wikipedia.org/wiki/Abbildungsfehler

Weitwinkelobjektiv

Ein Weitwinkelobjektiv gestattet es Ihnen möglichst viel aufzunehmen. Sie haben einen großen Ausschnitt der Realität auf dem Sucher. Das Weitwinkelobjektiv ist daher besonders für die Landschafts- und Architekturfotografie geeignet.

Die Brennweite ist kurz (kleiner 40 mm).

Die Bilder, welche mit einem Objektiv kurzer Brennweite gemacht wurden, sind an den Rändern tonnenförmig verzerrt (siehe folgende Abbildung). Dies kann stören.

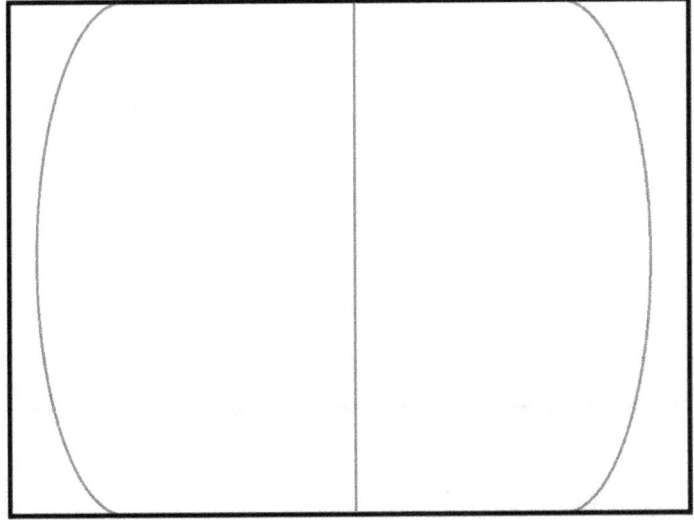

Normalobjektiv

Beim Normalobjektiv beträgt die Brennweite 40 mm bis 60 mm. Es ist damit für alle normalen Motive die Brennweite erster Wahl.

Die Bilder, welche mit einem Objektiv mittlerer Brennweite gemacht wurden, sind kaum verzerrt (siehe folgende Abbildung), so dass Sie diese Brennweite für Bilder einsetzen sollten wo eine Verzerrung sehr störend ist.

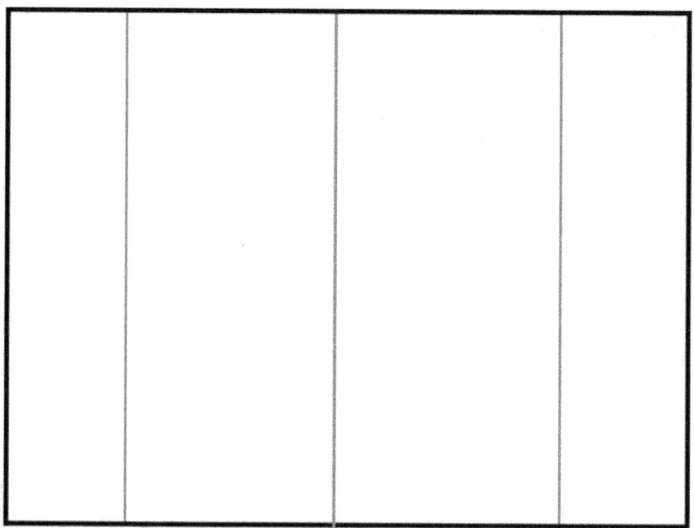

Siehe auch:
https://de.wikipedia.org/wiki/Normalobjektiv

Teleobjektiv

Ein Teleobjektiv gestattet es Ihnen ein weit entferntes Objekt möglichst Format füllend aufzunehmen. Das Teleobjektiv ist daher besonders für die Tier- und Sportfotografie geeignet um weit entfernte Wildtiere oder Sportler,... möglichst detailreich aufzunehmen. Kleine Teleobjektive (Brennweite 80 mm - 100 mm) eignen sich sehr gute für Porträtfotos.

Die Brennweite ist größer 60 mm.

Die Bilder, welche mit einem Objektiv langer Brennweite gemacht wurden, sind an den Rändern kissenförmig verzerrt (siehe folgende Abbildung).

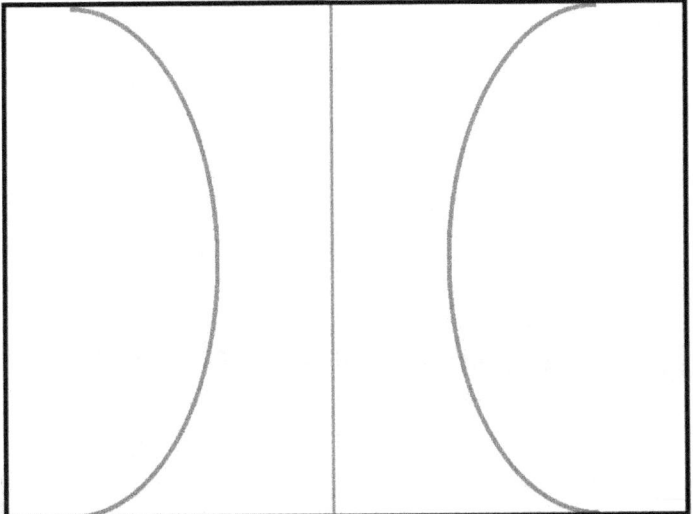

Wenn Sie mit einem Teleobjektiv sehr großer Vergrößerung (Brennweite größer 200 mm) fotografieren, dann ist die Nutzung eines Stativs sehr wichtig, da die Gefahr des Verwackelns sehr hoch ist. Legen Sie die Kamera in jedem Fall auf.

Um die Gefahr des Verwackelns zu reduzieren sollte die Belichtungszeit immer kürzer als der Reziprokwert der Brennweite sein. Dies bedeutet zum Beispiel bei 200 mm Brennweite sollte möglichst eine Belichtungszeit von 1/200 Sekunde oder kürzer eingestellt werden.

Siehe auch:
https://de.wikipedia.org/wiki/Teleobjektiv

Kameragröße

Die richtige Kameragröße richtet sich wie bei allen Geräten nach dem Einsatzzweck. Weniger ist oft mehr. Bedenken Sie, dass Sie die Kamera und das Zubehör den ganzen Tag, den gesamten Urlaub, durch die Gegend tragen müssen. Eine kleine, leichte Kamera wird oft eher eingepackt als eine mehrere Kilogramm schwere Profiausrüstung.

Spiegelreflexkamera

Mit hochwertigen Spiegelreflexkameras oder Systemkameras (Spiegelreflexkamera ohne Spiegel aber mit ähnlicher Ausstattung und Größe) und ähnlich großen und schweren Kameras werden Sie Profis und ambitionierte Amateure antreffen. Mit diesen Kameras gelingen Ihnen sehr gute Bilder. Die Einstellmöglichkeiten und die Erweiterungsmöglichkeiten (zusätzliche Wechselobjektive, zusätzlicher Blitz,...) sind nahezu unbegrenzt. Diese Technik lässt kaum Wünsche offen.

Für Schnappschüsse sind diese großen Kameras nur bedingt geeignet, da diese im Bedarfsfall nicht schnell genug aus der Tasche gezogen werden um ein Bild zu machen.

Siehe auch:
https://de.wikipedia.org/wiki/Spiegelreflexkamera

Kompaktkamera

Kompaktkameras sind optimal für schnelle Schnappschüsse, da sie einfach und leicht zu transportieren sind und sehr schnell startklar sind. Dadurch haben Sie am Ende des Tages mit diesen kleinen Kameras doppelt so viele Bilder gemacht wie mit einer großen Spiegelreflexkamera. Durch die viel höhere Anzahl an unterschiedlichen Motiven gelingen Ihnen in der Summe genauso schöne Fotos wie mit den technisch hochwertigen Geräten, welche Sie nicht immer herausholen wollen, wenn plötzlich ein schönes Motiv auftaucht.

Die technische Ausstattung bewegt sich in der Mitte des technisch möglichen. Oft sind Objektive eingebaut, welche vom Weitwinkelobjektiv bis zum starken Teleobjektiv stufenlos zoomen, so dass hier kaum Wünsche offen bleiben.

Die Erweiterungsmöglichkeiten dieser Kameras durch Wechselobjektive, zusätzliche Blitzgeräte,... ist im Normalfall nicht gegeben.

Die Einstellmöglichkeiten (Entfernung, Blende, Verschlusszeit,...) sind beschränkt.

Die Kompaktkameras bilden die "goldene Mitte" des technisch und preislich möglichen.

Siehe auch:
https://de.wikipedia.org/wiki/Kompaktkamera

Smartphone-Kamera

Die in den Smartphones eingebauten Kameras machen bei guten Licht gute Bilder. Der Vorteil ist, sie haben jederzeit eine Kamera dabei und diese nimmt keinen zusätzlichen Platz weg.

Das kleine Objektiv wirkt sich aber bei wenig Licht ungünstig aus. Bei schwierigen Lichtverhältnissen werden ihnen keine wirklich guten Bilder gelingen.

Der Start der Smartphone-Kamera dauert im Normalfall etwas länger als der einer Kompaktkamera (Entsperrung des Smartphone, Start der Kamera-App,...).

Die Erweiterungsmöglichkeiten dieser Kameras durch Wechselobjektive, zusätzliche Blitzgeräte,... ist im Normalfall nicht gegeben.

Die Einstellmöglichkeiten (Entfernung, Blende, Verschlusszeit,...) sind im Normalfall nicht möglich.

Die Smartphone-Kameras sind ein guter Ersatz bei guten Lichtverhältnissen, wenn Sie keine anderer Kamera mitnehmen wollen oder können.

Siehe auch:
https://de.wikipedia.org/wiki/Mobiltelefon#Kamera

Fotos aufnehmen

Manchmal sind Sie enttäuscht, dass das Bild die Stimmung nicht so wiedergibt wie Sie diese empfunden haben. Bedenken Sie aber, es ist nur ein zweidimensionales Bild, ein kleiner Ausschnitt des damals empfundenen, ohne allen anderen Details die ihr Empfinden damals mit beeinflusst haben (Duft, Temperatur,...).

Der Wein im Urlaub schmeckt auch oft besser wie später zu Hause. Die Enttäuschung ist im gewissen Rahmen also normal. Im Nachfolgenden ein paar Regeln für eine gute Bildgestaltung. Aber, weichen Sie im Spezialfall auch mal davon ab, es sind keine Dogmas.

Format

Das Format der Aufnahme sollte sich an dem Format der Ausgabe orientieren. Im Normalfall werden Sie die Bilder auf einem Fernseher, Beamer oder PC-Bildschirm anderen Personen zeigen. Damit ist das Bild bei der Ausgabe im Normalfall breiter als hoch. Die bedeutet, dass Sie im Normalfall die Kamera im Breitformat (zum Beispiel 4:3) und sehr selten im Hochformat nutzen sollten.

Beachten Sie, dass es sehr störend ist, wenn das Format in einer Diashow ständig wechselt. Konfigurieren Sie Ihre Kamera entsprechend (4:3, 16:9,...).

```
┌─────────────────────┐
│                     │
│                     │
│        4:3          │
│                     │
│                     │
└─────────────────────┘
```

Natürlich können Sie das Bild nach der Aufnahme noch Bearbeiten und das Format ändern. Das nachträgliche Beschneiden des Originalfotos ist in den meisten Fällen sehr sinnvoll und notwendig. Sie verlieren dadurch allerdings ein paar Bildpunkte (Pixel). Dies ist aber nur dann von entscheidender Bedeutung, wenn Sie möglichst viele Bildpunkte für die Ausgabe benötigen und die Originalaufnahme nur knapp diese Qualität liefert.

Sie können vor der Aufnahme den Bildausschnitt mit Hilfe der Finger suchen. Bilden Sie dazu mit den Fingern ein Loch, welches in etwa dem gewünschten Format entspricht. Schauen Sie durch das Loch der Finger und suchen so, ohne Kamera, den idealen Aufnahmestandort.

Diese Methode erhöht die Kreativität bei der Suche nach einem optimalen Bildausschnitt, da die Kamera bei der Suche nicht stört.

Für die Druckausgabe benötigen Sie 200 bis 300 dpi (dots per inch / Bildpunkte pro Zoll). Die Druckprogramme rechen dazu die Größe der Bilder entsprechend um, so dass eine ausreichende Anzahl von Bildpunkten für den Druck vorhanden ist. Wenn nicht, dann werden Sie im Normalfall vor dem Druck (vor der Bestellung) gewarnt, dass die Bildpunkte (die Qualität) nicht ausreicht.

Für Bilder, welche auf einem TV-Bildschirm (FullHD 1080p, 1920 x 1080 Bildpunkte) ausgegeben werden sollen benötigen Sie 2,07 Megapixel (Millionen Bildpunkte).

Für gedruckte Bilder ist die notwendige Anzahl der Bildpunkte wesentlich höher.

Für Bilder der Größe 32 cm x 22 cm mit einer Qualität von 300 dpi benötigen Sie eine Datei mit etwa 10 Megapixel.

Bei 5 Megapixel Dateigröße erreichen Sie bei 300 dpi nur eine Bildgröße von 21 cm × 16 cm.

Mit 85 Megapixel Dateigröße können Sie ein Bild der Größe 78 × 78 mit 300 dpi drucken lassen.

Die Anzahl der Pixel einer Bilddatei können Sie im PC unter Eigenschaften/Details erfragen. Die Anzahl der Pixel entspricht nicht der Anzahl der Bytes der Datei.

Konfigurieren Sie ihre Kamera so, dass die Bilder mit der Bildgröße L (large), größtmögliche Bilder, aufgenommen werden. Dadurch erhöhen Sie später die Freiheit die Bilder später beliebig zu beschneiden und trotzdem noch eine ausreichende Qualität zu haben. Der Nachteil ist, dass die Speicherkarte in der Kamera schneller gefüllt ist. Setzen Sie dazu die größtmögliche preiswerte Speicherkarte in ihre Kamera ein. Im Normalfall kommen Sie mit den vielen GB, welche heute angeboten werden, sehr lange hin. Im Zweifelsfall kaufen Sie mehrere Speicherkarten, so dass Sie immer genügend Speichermedium dabei haben.

Sie können die Kamera so konfigurieren, dass die Bilder im RAW-Format abgespeichert werden. Damit werden die Bilder nicht komprimiert und es gehen keine Bildinformationen verloren. Dies ist aber nur dann für den Amateur sinnvoll, wenn sehr hochwertige Aufnahmen gemacht werden sollen. Sie müssen diese RAW-Dateien später alle nachbearbeiten und in ein Format bringen, welches für die Präsentation oder den Druck geeignet ist (z.B. JPG-Datei).

Siehe auch:
https://de.wikipedia.org/wiki/Bildaufl%C3%B6sung

https://de.wikipedia.org/wiki/Bildaufl%C3%B6sungen_in_der_Digitalfotografie

Goldener Schnitt

Achten Sie beim Fotografieren darauf, dass Sie den "Goldenen Schnitt" anwenden. Dritteln Sie dazu den Sucher, das Display, horizontal und vertikal. Schön ist es wenn der Fotoapparat solche Hilfslinien im Sucher/Display automatisch einblenden kann. Versuchen Sie die Kamera entsprechend zu konfigurieren.

Im Normalfall bedeutet dies, das Hauptmotiv nicht genau in der Bildmitte zu platzieren. Damit gewinnt das Bild an Ausdruckskraft. Die optimalen Orte für das Hauptmotiv werden in der folgenden Abbildung durch die grauen Sterne markiert.

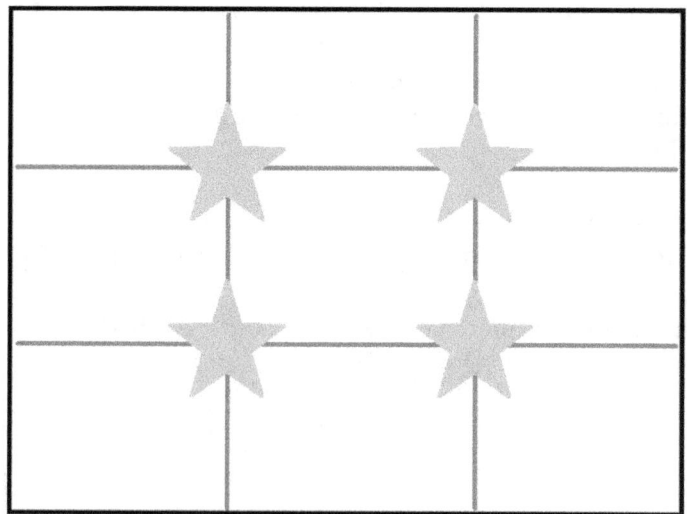

Schön ist es wenn zusätzlich die Blickrichtung oder die Bewegung des Hauptmotivs in Richtung Bildmitte gerichtet ist.

Sie können später bei der Bildbearbeitung den Bildausschnitt noch verändern und so mit dem besten Ausschnitt experimentieren. Sie werden überrascht sein wie sich der Eindruck des Bildes mit dem Bildausschnitt verändert. Im nachfolgenden Bild symbolisiert der schwarze Rahmen das endgültige Bild. Die dünnen schwarzen Hilfslinien teilen den Bildschirm in 9 gleiche Teile.

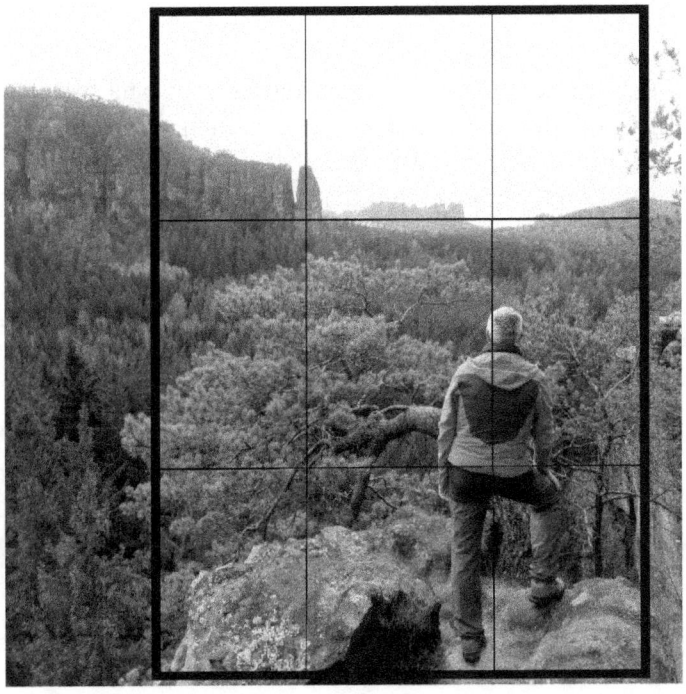

Das Hauptmotiv steht nicht in der Bildmitte, sondern wurde im Schnittpunkt der Hilfslinien unten recht platziert.

Die Horizont befindet sich ebenfalls nicht in der Bildmitte, sondern auf der oberen Hilfslinie (siehe auch nächster Abschnitt).

Theoretisch ist der "Goldene Schnitt" das Teilungsverhältnis einer Strecke, eines Bildes,... Hierbei wird die Strecke im Idealfall in 62% und 38% aufgeteilt. Das Dritteln des Bildes mit horizontalen und vertikalen Hilfslinien, wie oben beschrieben, stellt eine vereinfachte Annäherung (67%% und 33%) dar.

Das Format 5:3 (=1,67) folgt den Seitenverhältnissen des Goldenen Schnitts (Goldene Zahl=1,618) am ehesten. Annähernd gilt dies aber auch für die weit verbreiteten Seitenverhältnisse 4:3 (=1,33) und 16:9 (=1,78).

Siehe auch:
https://de.wikipedia.org/wiki/Goldener_Schnitt

Horizont

Legen Sie den Horizont in die obere oder untere Hälfte des Bildausschnittes. Die genaue Mitte wäre theoretisch nicht optimal. Die grauen Linien im nachfolgenden Bild zeigen den optimalen Ort für den Horizont. Teilen Sie den Sucher oder das Display dazu waagerecht in 3 gleiche Teile.

Achten Sie darauf, dass der Horizont waagerecht verläuft. Sollte dies beim Original nicht der Fall sein, so sollten Sie das Bild nachträglich drehen und zurechtschneiden.

Licht

Das Licht ist eines der wichtigsten Gestaltungsmittel in der Fotografie. Die Richtung des Lichtes, die Farbe und die Intensität des Lichtes haben einen großen Einfluss auf das Bild.

Ideal ist das Licht am zeitigen Morgen zum Sonnenaufgang und am Abend zum Sonnenuntergang. In dieser Zeit erreichen Sie sehr stimmungsvolle Bilder. Leider kann der normale Mensch nicht immer bis Sonnenuntergang warten bevor er ein Foto macht. So bleibt dieser Tipp meist nur Theorie.

Theoretisch sollten Sie zur Mittagszeit keine Fotos machen, da da die starke Sonneneinstrahlung zu scharfe Kontraste erzeugt

Manchmal sind dadurch die Kontraste auf einem Bild sehr groß. Die hellen Bereiche des Bildes sind sehr hell und die dunklen Bereiche sehr dunkel. Die Kamera gibt in einer solchen Situation eventuell eine Überbelichtungswarnung aus.

Um später am PC die Bilder gut nachbearbeiten zu können müssen Sie darauf achten und genügend Bildinformationen vor allen in den hellen Bereichen speichern, dies ist meist die problematischere Zone. Die dunklen Bereiche können Sie am PC oft leichter aufhellen, da hier meist genügend Informationen enthalten sind.

In einem solchen Fall starker Kontraste können Sie mehrere Bilder mit unterschiedlicher Belichtung machen und diese verschieden belichteten Bilder dann per Computerprogramm zu einem ausgewogenen Bild zusammensetzen (siehe Kapitel "Fotos aufnehmen\Licht\HDR").

Eventuell ist es auch möglich bei der Aufnahme den Bildausschnitt so zu verändern, dass der Kontrast nicht zu hoch ist.

Nachtaufnahmen gelingen am besten, wenn Sie diese in der "Blauen Stunde", also eine halbe Stunde nach Sonnenuntergang oder eine halbe Stunde vor Sonnenaufgang machen. In dieser Zeit haben Sie durch die gerade untergegangene/aufgehende Sonne so viel Umgebungslicht, dass auch unbeleuchtete Stellen ihres Motivs nicht vollkommen dunkel sind. Gleichzeitig werden Gebäude und andere wichtige Bildmotive von künstlichem Licht bereits angestrahlt, so dass der Eindruck des Bildmotivs bei Nacht vermittelt wird.

Fotografieren Sie im Normalfall immer mit dem Licht. Vermeiden Sie Gegenlichtaufnahmen im Normalfall, es sei denn diese Gegenlichtaufnahme stellt eine sehr schöne künstlerische Komposition dar (Sonnenaufgang, Sonnenuntergang,...).

Siehe auch:
https://de.wikipedia.org/wiki/Gegenlicht

https://de.wikipedia.org/wiki/Blaue_Stunde

Blitzlicht

Nutzen Sie das Blitzlicht, wenn das Umgebungslicht nicht ausreicht oder von vorn kommt (Gegenlicht) und das Hauptmotiv dadurch nur schemenhaft abgebildet wird.

Bei zugeschaltetem Blitzlicht wird die Belichtungszeit meist automatisch auf 1/60 Sekunde und die Blende auf f8 eingestellt. Damit reduzieren sich bei Blitzaufnahmen Ihre Einstellmöglichkeiten an der Kamera sehr stark.

Weit entfernte Objekte können Sie mit einem Blitz nicht ausreichend beleuchten. Nutzen Sie bei normalen Landschaftsaufnahmen daher niemals den Blitz, das Blitzlicht hat in 20 m Entfernung keine ausreichende Kraft mehr.

Es gibt für Profis die Möglichkeit mehrere Blitzgeräte an verschiedenen Stellen zu positionieren und diese gleichzeitig mit dem Kamerablitz auszulösen. Dies eröffnet natürlich viel mehr Möglichkeiten der Ausleuchtung eines in Normalfall ungünstig ausgeleuchteten Motivs.

Beachten Sie, dass es bei Nutzung vom Blitzlicht zu vorher nicht sichtbaren und manchmal sehr störenden Schattenwürfen auf dem späteren Bild kommt.

Oft werden nahe Motive zu hell abgebildet. Halten Sie daher einen Mindestabstand zum Hauptmotiv ein. Vergrößern Sie möglichst den Abstand zum Hauptmotiv, wenn ihnen dieser Bildfehler auffällt.

Der Blitz hat in der Praxis eine Reichweite von wenigen Metern. Die Blitzreichweite errechnet sich aus der Leitzahl des Blitzgerätes geteilt durch die verwendete Blende multipliziert mit der Lichtempfindlichkeit (ISO-Wert).

Den Rote-Augen-Effekt können Sie umgehen, wenn Sie dem Hauptmotiv nicht direkt in die Augen blitzen. Ein kleiner Vorblitz verringert den Rote-Augen-Effekt etwas, verhindert diesen aber nicht zuverlässig. Dieser Bildfehler entsteht dadurch, dass das Licht erst von der Netzhaut in den Augen zurückgeworfen wird. Zur Not müssen Sie die roten Augen später am PC überarbeiten.

Siehe auch:
https://de.wikipedia.org/wiki/Blitzlicht

https://de.wikipedia.org/wiki/Leitzahl

http://www.fotolaborinfo.de/foto/blitzaufnahmen.htm

HDR-Bild

Mit einem HDR-Bild können Sie sehr große Helligkeitsunterschiede detailreich wiedergeben.

Manchmal sind die Kontraste auf einem Bild sehr groß. Ein möglicher Ausweg ist das Fotografieren des Motivs mit unterschiedlichen Belichtungszeiten vom gleichen Standpunkt aus. Verändern Sie die Blende nicht, damit die Tiefenschärfe auf allen Bildern gleich bleibt. Ideal ist auch die Verwendung eines Stativs, damit das Motiv immer identisch ist.

Per Computerprogramm werden diese unterschiedlich belichteten aber vom Motiv her identischen Bilder dann übereinandergelegt und es entsteht so ein perfekt ausgeleuchtetes Bild. Dieses Programm gibt es in manchen Kameras vorinstalliert oder auf dem PC, so dass Sie beim Erstellen eines HDR-Bildes (High Dynamic Range Image) manchmal wenig Aufwand haben.

Siehe auch:
https://de.wikipedia.org/wiki/High_Dynamic_Range_Image

Mit dem kostenlosen Programm FDRTools Basic können Sie HDR-Bilder einfach erstellen. Der Funktionsumfang ist in der kostenlosen Basisversion etwas eingeschränkt:
http://www.fdrtools.com/fdrtools_basic_d.php

Tiefenschärfe

Die Tiefenschärfe können Sie künstlerisch nutzen und den unwichtigen Hintergrund unscharf darstellen.

Die Tiefenschärfe ist abhängig von Blende, Brennweite und Abstand zum Objekt.

Eine geringere Tiefenschärfe wird hervorgerufen durch:
- eine längere Brennweite (z.B. Teleobjektiv),
- eine größere Blendenöffnung (z.B. Blende 2.8),
- einen kürzeren Aufnahmeabstand zum Hauptmotiv.

Eine höhere Tiefenschärfe wird hervorgerufen durch:
- eine kürzere Brennweite (z.B. Weitwinkelobjektiv),
- eine kleinere Blendenöffnung (z.B. Blende 22),
- einen größeren Aufnahmeabstand zum Hauptmotiv.

Für ein Normalobjektiv mit einer Brennweite von 50 mm und einer Blende 8 (f8) gilt beispielsweise:

Entfernung Motiv	**scharf ab**	**scharf bis**
0,5 m	0,48 m	0,52 m
1 m	0,9 m	1,1 m
3 m	2,3 m	4,2 m
10 m	5,1 m	223 m
20 m	6,9 m	unendlich
50 m	8,6 m	unendlich

Für ein Weitwinkelobjektiv mit einer Brennweite von 28 mm und einer Blende 8 (f8) gilt beispielsweise:

Entfernung Motiv	scharf ab	scharf bis
1 m	0,8 m	1,4 m
3 m	1,6 m	33 m
10 m	2,5 m	unendlich
20 m	2,8 m	unendlich

Für ein Teleobjektiv mit einer Brennweite von 200 mm und einer Blende 8 (f8) gilt beispielsweise:

Entfernung Motiv	scharf ab	scharf bis
1 m	1 m	1 m
3 m	2,9 m	3 m
10 m	9,4 m	10,6 m
100 m	62 m	249 m
200 m	91 m	unendlich

Für ein Normalobjektiv mit einer Brennweite von 50 mm und einer Blende 2,8 (f2.8) gilt beispielsweise:

Entfernung Motiv	scharf ab	scharf bis
1 m	0,97 m	1,03 m
3 m	2,7 m	3,3 m
10 m	7,5 m	15 m
30 m	15 m	unendlich

Für eine Normalobjektiv mit einer Brennweite von 50 mm und einer Blende 22 (f22) gilt beispielsweise:

Entfernung Motiv	scharf ab	scharf bis
1 m	0,8 m	1,3 m
3 m	1,7 m	13,5 m
10 m	2,8 m	unendlich

Im folgenden Bild ist der schwarze Vordergrund und der graue Hintergrund scharf. Dies erreichen Sie durch Nutzung einer kleinen Blendenöffnung (hohe Zahl z.B. f22), durch Nutzung eines Weitwinkelobjektivs (z.B. Brennweite 35) oder durch großen Abstand (10 m und mehr) vom schwarzen und grauen Motiv.

Nur wenn die Entfernung des graue Objekts im Tiefenschärfenbereich liegt, dann wird es scharf abgebildet.

Die Belichtungszeit muss natürlich mit der Blende korrespondieren. Bei einer kleinen Blendenöffnung müssen Sie die Belichtungszeit verlängern und/oder den ISO-Wert erhöhen.

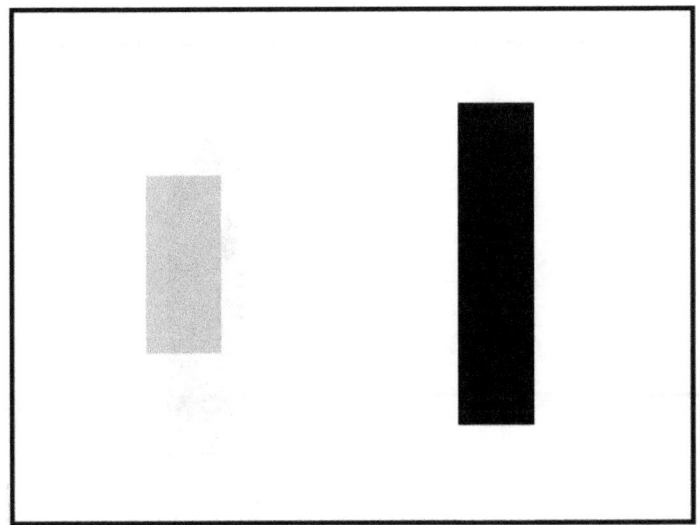

Im folgenden Bild ist der schwarze Vordergrund scharf und der graue Hintergrund unscharf. Dies erreichen Sie durch Nutzung einer großen Blendenöffnung (kleine Zahl z.B. f2,8), durch Nutzung eines Teleobjektivs (z.B. Brennweite 200) oder durch geringen Abstand (0,5 m) vom schwarzen Hauptmotiv.

Nur wenn die Entfernung des graue Objekts außerhalb des Tiefenschärfenbereich liegt wird es unscharf abgebildet. Das graue Objekt muss weit genug vom schwarzen Objekt entfernt sein.

Die Belichtungszeit muss natürlich mit der Blende korrespondieren. Bei einer großen Blendenöffnung müssen Sie die Belichtungszeit verkleinern und/oder den ISO-Wert verringern.

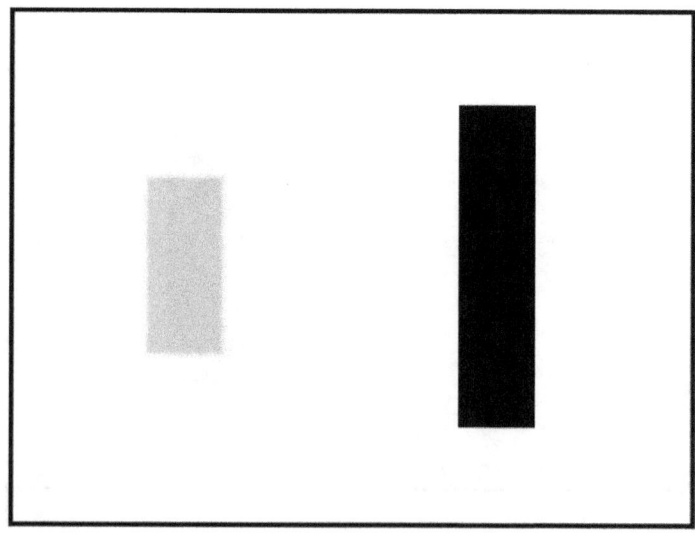

Siehe auch:
Auf der folgenden Internetseite finden Sie einen Rechner zur Ermittlung der Tiefenschärfe für unterschiedliche Brennweiten, Blenden,...:
http://timmermann.tv/technik/schaerfentiefe.php

Weitere Informationen finden Sie unter:
https://de.wikipedia.org/wiki/Sch%C3%A4rfentiefe

https://de.wikipedia.org/wiki/Blendenzahl

Motiv-Programme

Nutzen Sie die Motiv-Programme die ihre Kamera bietet. Durch die Wahl des richtigen Programms optimieren Sie das Bildergebnis wesentlich.

Landschaft

Es wird eine möglichst kleine Blendenöffnung gewählt (hohe Zahl). Dadurch wird die Tiefenschärfe erhöht. Die Farben werden kräftiger dargestellt (hohe Farbsättigung).

Makro

Mit diesem Programm können Sie sehr nah an ein Objekt herangehen. Nutzen Sie das Makroprogramm nicht und gehen trotzdem bis auf wenige Zentimeter an ein Objekt heran wird die Aufnahme unscharf.

Alternativ können Sie das Objekt mit dem Teleobjektiv aus einer etwas größeren Entfernung fotografieren.

Zusätzlich wird bei diesem Programm die Farbsättigung erhöht.

Nacht

Der ISO-Wert wird erhöht. Die Farbdarstellung wird angepasst (Weißabgleich).

Porträt

Die Hauttöne werden möglichst natürlich dargestellt.

Sport

Der ISO-Wert wird erhöht. Die Belichtungszeit wird möglichst kurz gewählt.

Farbe

Experimentieren mit verschiedenen Farben. Ein Bild, welches nur aus wenigen Farben besteht kann sehr interessant wirken. Stellen Sie beispielsweise nur das Hauptmotiv farbig dar und den Rest schwarz-weiß.

Zu viele Farben lenken manchmal ab.

Wenn Sie ihre Bilder als RAW-Datei in der Kamera speichern, dann können Sie verlustfrei mit den Farben am PC experimentieren. Durch die Komprimierung als JPG-Datei gehen Farbinformationen verloren.

Verändern Sie den Kontrast eines Bildes später am PC. Oft erreichen Sie damit nochmals eine Verbesserung der Aufnahme.

Beachten Sie, dass verschiedene Systeme (Kamera, PC, Drucker, Fotolabor, Beamer, TV,...) die Farben unterschiedlich darstellen. Es kann sein, dass die Farbe auf dem PC-Bildschirm, während der Bearbeitung, sehr schön ist und auf dem Ausdruck überhaupt nicht mehr gefällt. Die Angleichung der beteiligten Systeme nennt man Kalibrierung und ist sehr aufwendig. Geben Sie daher Ihr Bild immer mal auf dem Endsystem (TV, Drucker, Fotolabor,...) aus um die Farbe auf dem Endprodukt zu kontrollieren.

Siehe auch:
https://de.wikipedia.org/wiki/Farbkreis

Bildausschnitt

Fokussieren sie den Bildausschnitt auf das Wesentliche. Im Extremfall kann dies eine Türklinke sein und nicht das ganze Haus. Zoomen Sie das Hauptmotiv entsprechend nah heran, so dass es das Bild optimal füllt.

Beachten Sie auch den Hintergrund und die Motive neben oder vor dem Hauptmotiv. Diese sollten nicht störend vom Hauptmotiv ablenken. Störend wirken beispielsweise oft farblich sehr auffallende Gegenstände, welche sich zufällig vor dem Hauptmotiv befinden. Zoomen Sie den Bildausschnitt so, dass diese Gegenstände nicht mit auf das Bild kommen. Gelingt dies nicht müssen Sie den Standpunkt wechseln.

Im Notfall hilft später das Bildbearbeitungsprogramm am PC den störenden Gegenstand zu beseitigen. Dies kann aber sehr zeitraubend sein.

Siehe auch:
https://de.wikipedia.org/wiki/Einstellungsgr%C3%B6%C3%9Fe

Perspektive

Fotografieren Sie nicht immer nur im Stehen.

Gehen Sie auch mal in die Hocke oder stellen Sie sich auf eine Bank und verändern damit die gewohnte Bildperspektive.

Wenn Sie in der Hocke sind und jetzt noch Gräser und Blumen zur Vordergrundgestaltung einsetzen, dann gelingen Ihnen besondere Bilder. Achten Sie aber in dem Fall auf die Tiefenschärfe.

Landschaftsfotografie

Nutzen Sie vorrangig ein Weitwinkelobjektiv.

Stellen Sie das Motiv-Programm "Landschaft" an der Kamera ein.

Achten Sie auf eine möglichst hohe Tiefenschärfe durch eine kleine Blendenöffnung (Blende f8 bis f22).

Legen Sie den Horizont im Normalfall nicht genau in die Mitte des Bildes (siehe nachfolgende Abbildung). Achten Sie auf einen waagerechten Horizont, damit kein kippender Bildeindruck entsteht.

Gestalten Sie auch den Vordergrund des Bildes, etwa indem einen Ast rechts oben in das Bild hineinragen lassen. Durch eine tiefe Aufnahmeposition können Sie Blumen und Gräser im Vordergrund darstellen (siehe nachfolgende Abbildung).

Achten Sie aber auf die Tiefenschärfe und machen Sie ein Bild mit Vordergrund und zur Sicherheit ein Bild ohne Vordergrund. Denn eine unscharfe Blume in Vordergrund kann das gesamte Bild zerstören.

Gestalten Sie räumliche Tiefe durch Linienpaare, welche zum Horizont verlaufen (siehe nachfolgende Abbildung).

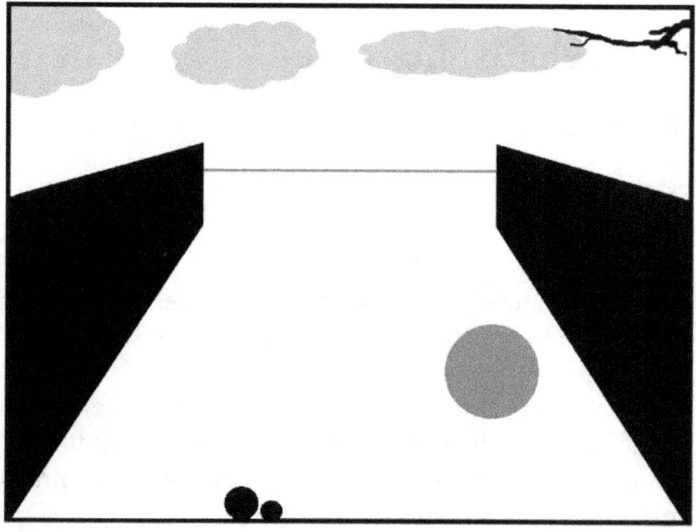

Wenn Sie RAW-Bilder machen können Sie die Bilder nachträglich am PC farblich verlustfrei verändern.

Ideal ist das Licht am zeitigen Morgen zum Sonnenaufgang und am Abend zum Sonnenuntergang. In dieser Zeit erreichen Sie sehr stimmungsvolle Landschaftsbilder. Theoretisch sollten Sie zur Mittagszeit, in der Zeit hoher Kontraste durch intensives Sonnenlicht, keine Bilder machen. Aber ein schlechtes Bild ist immer noch besser als gar kein Bild, insbesondere bei Urlaubs-Erinnerungsbildern, welche nicht unbedingt optimal sein müssen.

Fotografieren Sie auch einmal Details. Oft ist eine einzelne Blume, eine Wurzel,... ein besonders schönes Motiv.

Siehe auch:
https://de.wikipedia.org/wiki/Landschaftsfotografie

Architekturfotografie

Die Architekturfotografie entspricht der Landschaftsfotografie.

Zusätzlich kommt hier aber das Problem mit den stürzenden Linien hinzu, welche entstehen, wenn die Kamera nicht parallel zum Motiv gehalten werden kann (siehe folgende Abbildung).

In der folgenden Abbildung sehen Sie ein Hochhaus (schwarzes Viereck), welches mit einem Weitwinkelobjektiv von der Straße aus fotografiert wurde.

Die beiden seitlichen Kanten verlaufen im Bild nicht senkrecht nach unten, wie dies eigentlich beim Original der Fall ist.

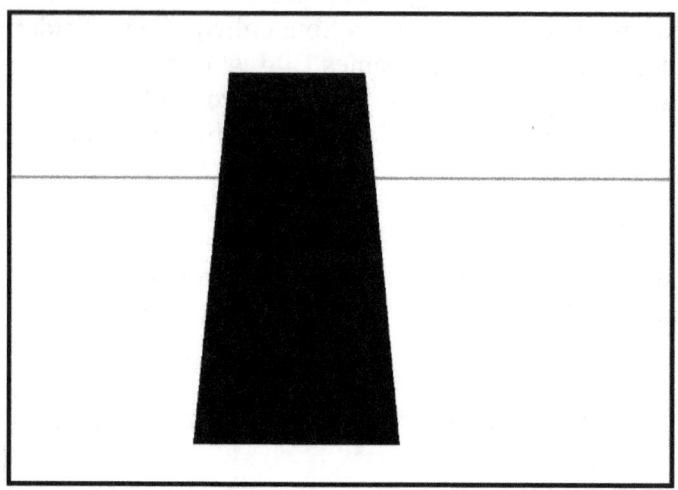

Um diesen Abbildungsfehler zu beheben gibt es zwei Möglichkeiten.

Sie können ein Objektiv nutzen, welches das Haus mit senkrechten Linien darstellt (Shift-Objektiv). Meist ist aber nicht genug Platz vor dem Haus um die Kamera parallel zum Haus positionieren zu können und weit genug vom Objekt weggehen zu können.

Alternativ können Sie das Objekt mit einem Programm am PC nachträglich entzerren und erzeugen so wieder senkrechte Linien (siehe folgende Abbildung).

Die grauen Flächen entsprechen den entzerrten Flächen. Jetzt hat das Haus wieder senkrechte Seitenkanten.

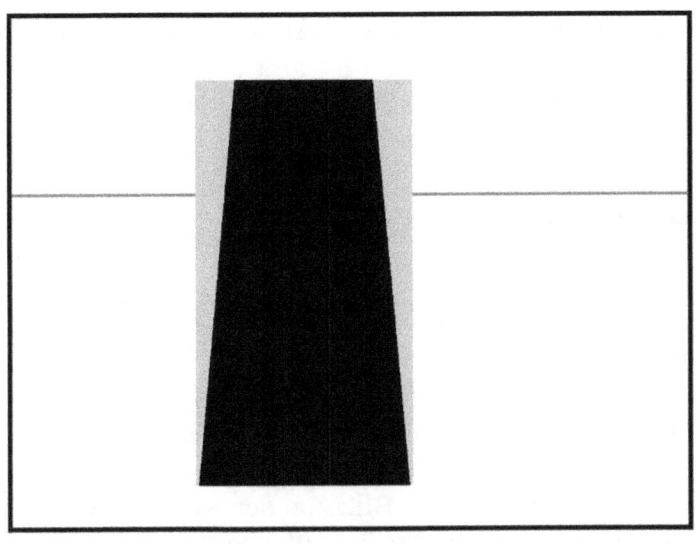

Diese Shift-Entzerrung bieten etliche Grafikprogramme an. Siehe dazu auch Kapitel "Fotos bearbeiten/Stürzende Linien beseitigen".

Beachten Sie, dass Objektive mit sehr kurzer oder sehr langer Brennweite an den Rändern die Objekte verzerren. Oft haben Sie aber in engen Straßen keine Wahl, sie müssen mit dem Weitwinkelobjektiv fotografieren um das Objekt vollständig abbilden zu können.

Versuchen Sie die Kamera parallel zu den Objekten zu halten. Im Notfall kann man das Bild später sehr einfach am PC drehen.

Fotografieren Sie auch Details. Es muss nicht immer das ganze Haus sein. Oft ist eine Tür, ein Fenster oder ein Türknauf ein besonders schönes Motiv.

Siehe auch:
https://de.wikipedia.org/wiki/Architekturfotografie

https://de.wikipedia.org/wiki/Shift_(Fotografie)

Porträtfotografie

Verwenden Sie in der Porträtfotografie ein leichtes Teleobjektiv mit einer Brennweite von 70 mm bis 100 mm.

Stellen Sie den Autofokus auf die Augen scharf.

Fotografieren Sie ohne Blitz um den Rote-Augen-Effekt und unerwünschte Schattenwürfe zu vermeiden.

Diffuses Licht, bei bedecktem Himmel, ist besser als grelles Sonnenlicht.

Stellen Sie das Motiv-Programm "Porträt" an der Kamera ein.

Gestalten Sie den Hintergrund. Ein weit entfernter unscharfer Hintergrund betont das Model als Hauptmotiv.

Machen Sie immer mehrere Bilder um zu verhindern, dass das Model zufällig gerade die Augen zu hatte.

Variieren Sie Bildausschnitt, Körperhaltung und Kopfhaltung.

Siehe auch:
https://de.wikipedia.org/wiki/Portr%C3%A4tfotografie

Sportfotografie

Die Sport- und Tierfotografie ähnelt sich in vielen Punkten.

Das Hauptproblem ist hier meist, das Hauptmotiv ist weit weg und bewegt sich schnell.

Im Normalfall benötigen Sie ein gutes Teleobjektiv mit Stativ um das Motiv gut abbilden zu können.

Eine kurze Belichtungszeit ermöglicht es ein schnelles Hauptmotiv scharf abzubilden.

Stellen Sie das Motiv-Programm "Sport" an der Kamera ein.

Siehe auch:
https://de.wikipedia.org/wiki/Sportfotografie

http://www.sportknipser.de/

Bildfehler

Bild unscharf

Unscharfe Bilder sind in den meisten Fällen Abfall. In vielen Fällen ist die Entfernung zum Hauptmotiv falsch eingestellt.

Autofokus

Der Autofokus kann unterschiedlich konfiguriert werden. Es ist möglich in speziellen Feldern oder auf speziellen Punkten zu messen.

Achten Sie beim Benutzen des Autofokus darauf, dass dieser genau auf das vorderste Hauptmotiv gerichtet ist. Erstens lässt sich die Tiefenschärfe leichter nach hinten ausdehnen als nach vorn. Und zweitens stört eine leichte Unschärfe im Hintergrund weniger als im Vordergrund.

Bei Porträts stellen Sie auf die Augen scharf.

Gelingt es dem Autofokus nicht die richtige Entfernung zu finden können Sie eventuell die Entfernung per Hand einstellen. Ist dies nicht möglich, suchen Sie eine kontrastreiche Kante in der selben Entfernung und fokussieren diese ersatzweise an. Der Autofokus kommt mit kontrastarmen Objekten manchmal nicht klar.

Verwacklung

Manchmal ist der Grund für die Unschärfe die Verwacklung der Kamera. Je größer die Brennweite (Teleobjektiv), desto höher die Verwacklungsgefahr. Hier hilft:
- Kamera auflegen bzw. Stativ nutzen - bei Aufnahme mit Teleobjektiv immer nutzen,
- ISO-Wert erhöhen - Bildrauschen beachten,
- Blitzlicht einschalten - verändert Stimmung im Bild,
- Belichtungszeit reduzieren - vom Licht abhängig,
- Bildstabilisator einschalten

Makroaufnahme

In seltenen Fällen sind Sie zu nah am Hauptmotiv und die Kamera kann nicht scharf stellen. Schalten Sie in so einem Fall auf Programm "Makroaufnahme" um.

Alternativ können Sie sich vom Objekt entfernen und das Teleobjektiv einsetzen. Damit haben Sie den gleichen Bildausschnitt, die Kamera stellt scharf, aber der Hintergrund wird jetzt eventuell anders abgebildet (Tiefenschärfe).

Bildrand

Platzieren Sie das Hauptmotiv nicht zu sehr am Bildrand.

Achten Sie darauf, dass am Bildrand bei Weitwinkel- und Teleobjektiven die Verzerrung der Objekte, physikalisch bedingt, größer wird. Es ist meist unschön, wenn das Hauptmotiv verzerrt und unscharf ist.

Wählen Sie bei der Aufnahme einen größeren Bildausschnitt und beschneiden Sie das Foto nachträglich am PC so wie es ihnen gefällt. Am PC können Sie das Hauptmotiv ohne Verzerrungsgefahr an den Rand legen.

Bildrauschen

Wenn viele Bildpunkte, farblich falsche Informationen enthalten, spricht man von Bildrauschen. Diesen Fehler finden Sie meist auf dunklem Hintergrund, welcher durch helle Punkte gefleckt abgebildet wird.

Die Ursache ist zu wenig Licht auf dem Bildsensor. Bei wenig Licht erhöht die Kamera (meist automatisch, je nach Konfiguration) den ISO-Wert (die Lichtempfindlichkeit).

Ab einem ISO-Wert von etwa 400 müssen Sie bei preiswerten Kameras mit Bildrauschen rechnen. Dies ist aber von Kamera zu Kamera unterschiedlich.

Durch Benutzung des Blitzes haben Sie mehr Licht und damit weniger Bildrauschen.

Sie können durch manuelle Verkleinerung des ISO-Wertes (Kamerakonfiguration) und Verlängerung der Belichtungszeit und Vergrößerung der Blende das Bildrauschen vermindern oder sogar beheben.

Zur Not können Sie die fehlerhaften Bildpunkte bei der Nachbearbeitung am PC entfernen.

Siehe auch:
https://de.wikipedia.org/wiki/Filmempfindlichkeit

https://de.wikipedia.org/wiki/Belichtungsindex

Gegenlicht

Vermeiden Sie im Normalfall gegen das Licht zu fotografieren.

Im Speziellen sind Gegenlichtaufnahmen manchmal künstlerisch sehr schön (Sonnenuntergang,...).

Fotografieren Sie gegen das Licht, so wird das Hauptmotiv (Person, Gesicht,....) im Vordergrund sehr dunkel dargestellt. Fotografien Sie hier mit Blitz, auch wenn es Tag ist und eigentlich genügend Licht vorhanden ist.

Durch das Blitzlicht wir das Hauptmotiv zusätzlich von vorn belichtet. Vergrößern Sie eventuell den Abstand zum Hauptmotiv, wenn das Hauptmotiv durch das Blitzlicht zu hell abgebildet wird. Den Bildausschnitt können Sie durch Zoomen in etwa gleich wählen.

Manchmal ist es künstlerisch sehr schön, dass das Hauptmotiv nur durch eine schwarze Silhouette dargestellt wird.

Siehe auch:
https://de.wikipedia.org/wiki/Gegenlicht

Licht und Schatten

Vermeiden Sie dass sich das Hauptmotiv gleichzeitig im Licht und im Schatten befindet.

Besonders störend ist dies, wenn Sie ein Gesicht fotografieren und auf dem Gesicht finden Sie Licht und Schatten (durch Blätter, welche das Licht nur stellenweise hindurch lassen,...) und so ein Teil des Gesichts abdunkeln.

Wechseln Sie in so einem Fall den Standort oder wählen Sie einen anderen Bildausschnitt.

In der Klassischen Kunst wird das Spiel von Licht und Schatten perfektioniert. Hier finden Sie stellenweise auf dem Hauptmotiv viel Licht und Schatten gleichzeitig und dies erzeugt eine besondere Spannung im Bild.

Von der Klassischen Kunst lernen und spannungsgeladene Bilder erzeugen gelingt meist einfacher durch Nachbearbeitung am PC. Hier können Sie spezielle Bildpartien nachträglich abdunkeln und so das beleuchtete Hauptmotiv hervorheben.

Siehe auch:
https://de.wikipedia.org/wiki/Schattenwirkung

Fotos sichern

Kopieren Sie die Bilder von der Speicherkarte auf den PC.

Gut bewährt hat sich folgende Ordnerstruktur:
Bilder -
    Jahr (z.B. 2018) -
        Jahr-Monat-Tag-Thema
        (z.B. 2018-12-24-Weihnachten)

Unter dem Ordner mit dem Namen Jahr-Monat-Tag-Thema oder Jahr-Monat-Thema werden alle Bilder die zu dem Thema und dem Datum passen abgespeichert.

Der Vorteil dieser Struktur liegt darin, dass das Betriebssystem die Ordner nach Datum sortiert anzeigt, da dies gleichzeitig der alphabetischen Sortierung des Betriebssystems entspricht.

Kontrollieren Sie anschließend die Bilder auf dem PC. Löschen Sie eindeutig misslungene Bilder um Speicherplatz zu sparen.

Löschen Sie anschließend die Bilder auf der Speicherkarte um in der Kamera wieder genügend Speicherplatz für neue Bilder zu haben. Sollten Sie nach dem Löschen der Speicherkarte feststellen, dass das Kopieren nicht geklappt hat, so können Sie die Bilder auf der Speicherkarte zur Not auch wieder herstellen.

Beim Löschen wird nur der Eintrag im Inhaltsverzeichnis gelöscht, aber nicht die Datei selbst. Die gelöschte Datei wird nicht beschädigt solange auf dem Datenträger nicht neu geschrieben wird. Erst beim Schreiben neuer Daten werden die freigegebenen Speicherplätze der gelöschten Dateien mit neuen Daten überschrieben.

Mit kostenlosen Zusatzprogrammen wie "Disk Drill" oder "Recuva" ist es möglich gelöschte Dateien wieder herzustellen.

Die Programme finden Sie Beispielsweise unter:
https://www.heise.de/download/product/disk-drill-91239

https://www.heise.de/download/product/recuva-43395

Datensicherung

Sichern Sie die Daten ihres PC und die Verzeichnisse mit den Bildern regelmäßig auf eine weitere externe Festplatte. Gehen Sie davon aus, dass jedes technische Gerät, auch eine Festplatte,... einmal kaputt geht. Sie sollten in diesem Fall einen weiteren Speicherort für die Daten (Bilder) haben um ohne Datenverlust diesen Fall zu überstehen.

Sie können unter Windows folgende Kommandozeilen nutzen um ihre Daten zu sichern. Speichern Sie dazu die folgenden Zeilen in einer Datei mit dem Namen "Datensicherung.bat".

Die Endung .bat ermöglicht das Ausführen der Datei durch Doppelklick auf die Datei.

Die Befehle echo und date geben nur etwas aus ohne Daten zu kopieren. Der Befehl xcopy kopiert die Daten. Passen Sie Quellverzeichnis und Zielverzeichnis nach ihren Bedürfnissen an. Die Optionen /E /C /I /F /H /R /Y sind optimal.

echo Erstellung Backup

xcopy /E /C /I /F /H /R /Y "d:\Quelle*.*" "f:\Ziel\"

echo Datensicherung erstellt >> Protokoll.log
date /T >> Protokoll.log

pause

Die verwendeten Parameter des Befehls xcopy haben folgende Bedeutung:

"d:\Quelle*.*":	Gibt die Quelle der zu kopierenden Dateien mit Laufwerk (hier d) an.
"f:\Ziel\":	Gibt den Speicherort mit Laufwerk (hier f) für das Ziel an
/e	Kopiert alle Unterordner
/c	Weiter kopieren, auch wenn Fehler auftreten
/i	Wenn das Ziel nicht vorhanden ist und mehrere Dateien kopiert werden, dann ist das Ziel ein Ordner
/f	Zeigt Quell- und Ziel-Dateinamen während des Kopierens
/h	Kopiert auch verborgene Dateien und Systemdateien

/r   Schreibgeschützte Dateien
            auch überschreiben
/y   Überschreibt die vorhandene Dateien
            ohne Nachfrage

Benötigen Sie eine Beschreibung des Befehls xcopy, so speichern Sie die Datei "Test.bat" mit folgendem Inhalt auf dem Desktop und starten Sie die Datei mit Doppelklick.
help xcopy
pause

Erweitern Sie die Datei "Datensicherung.bat" nach ihren Bedürfnissen. Sie können sehr viele Zeilen mit vielen unterschiedlichen Befehlen aufnehmen. Sie können mit dieser Datei alle wichtigen eigenen Dateien sichern.

Das Datum der letzten Sicherung finden Sie in Datei "Protokoll.log".

Der Befehl "pause" verhindert dass das BAT-Fenster nach Beendigung der Befehlsausführung sofort geschlossen wird. Sie können so sehen was das BAT-Programm gemacht hat und müssen das Fenster durch betätigen einer beliebigen Taste selbst schließen.

Für die Sicherung des Betriebssystem sollten Sie die Betriebssystem-Routine verwenden. Diese hat aber den Nachteil, dass alles in einer Datei verpackt ist und Sie an einzelne Dateien (z.B. Bilder) nicht herankommen ohne die gesamte Datensicherung zurückzuspielen.

Wenn Ihnen die Verwendung der oben beschriebenen BAT-Datei zu kompliziert ist, so nutzen Sie die vom Betriebssystem mitgelieferten Sicherungsprogramme.

Bilddatenbank

Zusätzlich ist es möglich, aber etwas aufwendiger, die Daten noch in einer Datenbank mit Zusatzinformationen wie Thema des Bildes, Qualität des Bildes, abgebildete Personen,... zu versehen. Jetzt finden Sie alle Bilder auf der die Person X abgebildet ist durch eine Suche in der Datenbank in wenigen Sekunden. Sichern Sie die Datenbank regelmäßig. Verschieben Sie die Bilder nur mit der Datenbank und nicht mit dem Explorer des Betriebssystems, da diese sonst für die Datenbank nicht mehr auffindbar sind.

Eine kostenlose Bilddatenbank ist "JPhotoTagger".

Das Programm finden Sie Beispielsweise unter:
https://www.heise.de/download/product/jphototagger-76470

Fotos bearbeiten

"Picasa" oder "GIMP" sind sehr umfangreiche kostenlose Bildbearbeitungs-Programme. Die Programme finden Sie Beispielsweise unter: https://www.heise.de/download/product/picasa-19449 bzw.
https://www.heise.de/download/product/gimp-4678

Paint unter Windows ist ein einfaches Programm um kleine Änderungen durchführen zu können. Das Programm wird mit dem Betriebssystem ausgeliefert.

Weitere Bildbearbeitungs-Programme finden Sie unter: https://www.heise.de.

Im nachfolgenden wird die Bildbearbeitung am Beispiel des kostenlosen Bildbearbeitungs-Programms "Picasa" gezeigt, da dieses Programm sehr einfach zu bedienen ist. Anderer Programme, wie "Adobe Photoshop" funktionieren ähnlich. Nutzen Sie das Programm, welches ihren Wünschen und ihrem Finanzrahmen am ehesten entspricht.

Gehen Sie in der Bildbearbeitung im allgemeinen immer in der folgenden Reihenfolge vor:
- Horizont waagerecht ausrichten (wichtig),
- stürzende Linien beseitigen (wichtig),
- Bildausschnitt optimieren (wichtig),
- Kontrast optimieren (meist sinnvoll),
- Farben korrigieren (teilweise sinnvoll),
- sonstige Fehler korrigieren (teilweise sinnvoll).

Horizont waagerecht ausrichten

Richten Sie zuerst den Horizont waagerecht aus, falls erforderlich. Kippen Sie dazu das gesamte Bild nach rechts oder links.

Wählen Sie dazu in Picasa den mittleren Befehl in der oberen Spalte mit Namen "Ausrichtung", im nachfolgenden Bild mit einem schwarzen Punkt markiert. Anschließend öffnet sich ein Bild mit Gitternetzlinien und einem Schieberegler in der unteren Bildhälfte. Durch das Bewegen des Schiebereglers können Sie das Bild kippen. Durch die Gitternetzlinien können Sie die Waagerechte sehr einfach finden.

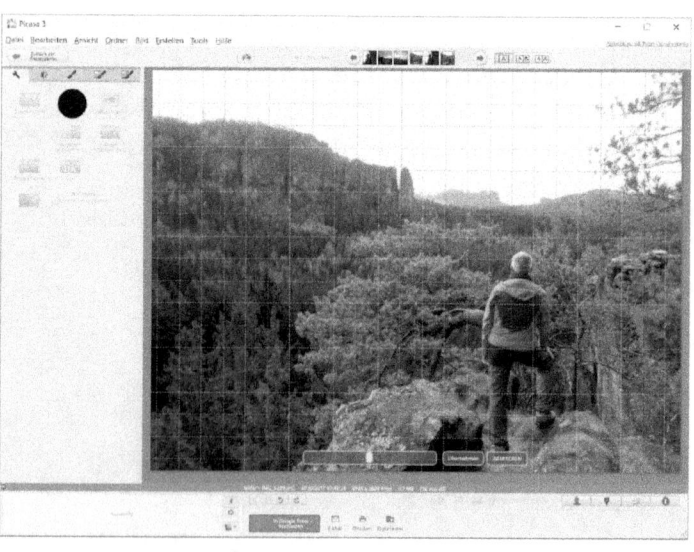

Bildausschnitt optimieren

Schneiden Sie anschließend den optimalen Bildausschnitt im gewünschten Format aus.

Wählen Sie in Picasa den linken Befehl in der oberen Spalte mit Namen "Zuschneiden".

Anschließend öffnet sich ein Auswahlmenü am linken Rand. Wählen Sie zuerst das Zielformat und markieren anschließend auf dem Bild den gewünschten Bereich. Der abgeschnittene Bereich ist grau durchscheinend eingefärbt. Mit "Übernehmen" beenden Sie die Aktion, Dauer ca. 1 Minute.

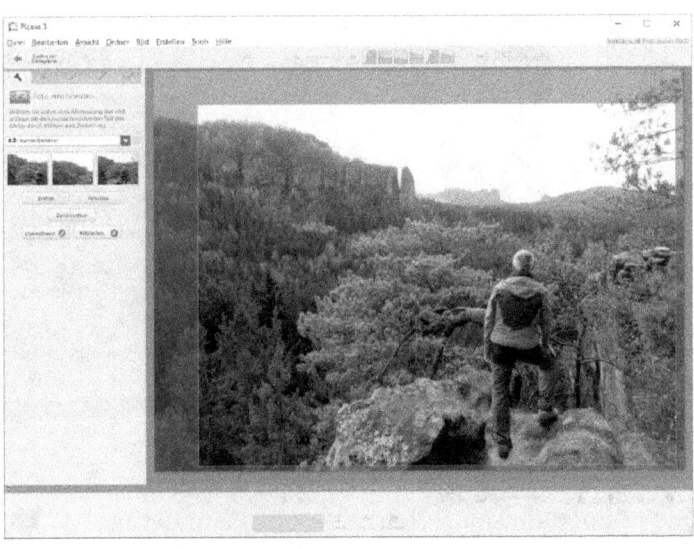

Kontrast optimieren

Oft lohnt es sich den Kontrast noch etwas zu optimieren.

Wählen Sie in Picasa den mittleren Befehl in der zweiten Spalte, "Kontrast (automatisch)" im nachfolgenden Bild mit einem schwarzen Punkt markiert. Mit "Datei/Speichern unter" beenden Sie die gesamte Bearbeitung, welche insgesamt bis jetzt nur wenige Minuten gedauert hat.

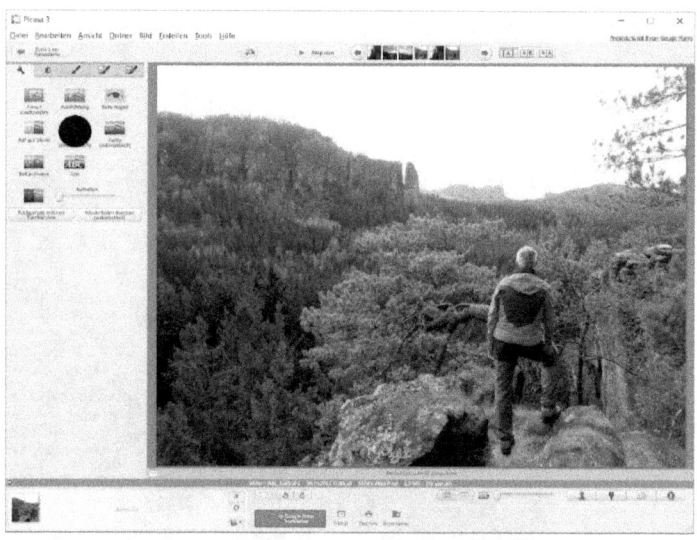

Sie können diesen Befehl, so wie alle anderen Befehle auch, vor dem Übernehmen und vor der Abspeicherung rückgängig machen.

Farben korrigieren

Manchmal müssen Sie noch die roten Augen von Personen, welche mit Blitzlicht aufgenommen wurden korrigieren. Wählen Sie dazu in Picasa den rechten Befehl in der oberen Spalte mit Namen "Rote Augen".

Für weitere Korrekturen eignet sich "Picasa" nicht so gut. Nutzen Sie hier "Paint", "Gimp" oder "Adobe Photoshop". Modifizieren Sie das Bild ganz nach ihren Wünschen.

Achten Sie darauf, dass das Original erhalten bleibt. Speichern Sie umfangreiche Arbeitsschritte immer einmal zwischendurch unter einem anderen Namen ab. Verändern Sie den Dateinamen nach bestimmten Arbeitsschritten. Durch diesen Trick können Sie bei Nichtgefallen der Modifikation des Bildes zu einem früheren Sicherungspunkt zurückkehren.

Probieren Sie auch den Schwarz-Weiß-Modus aus. Manche Motive wirken in diesem Modus schöner. Interessant ist es das Hauptmotiv farbig zu gestalten und den gesamten Rest Schwarz-Weiß darzustellen.

Ihrer Fantasie sind kaum Grenzen gesetzt. Hier können Sie viel Zeit verbringen und das Bild zu etwas besonderem gestalten.

Stürzende Linien beseitigen

Beseitigen Sie die stürzenden Linien an Anfang ihrer Bildbearbeitung, wenn es sich um Architekturfotos mit einer solchen Verzerrung handelt.

Im folgenden Bild sehen Sie eine symbolisierte Straßenschlucht mit stark stürzenden Linien. Die schwarzen Häuser links und rechts scheinen auf die Straße zu stürzen.

Die Shift-Entzerrung bieten etliche Grafikprogramme an. Es gibt darunter einfache kostenlose Spezialprogramme, welche diese Aufgabe übernehmen.

Im folgenden Bild sehen Sie die korrigierte Straßenschlucht mit senkrechten Häuserfronten, ohne die störenden stürzenden Linien.

ShiftN ist eine freie Grafiksoftware, welche die Korrektur stürzender Linien unterstützt. Weitere Informationen zur Software finden Sie unter: https://de.wikipedia.org/wiki/ShiftN

Die Software können Sie herunterladen unter: http://www.shiftn.de/

Nach dem Programmstart öffnen Sie das zu bearbeitende Bild (unter "Datei/Öffnen") und betätigen den Button "Automatische Korrektur".

Sind Sie mit dem Ergebnis zufrieden, so betätigen Sie den Button "Speichern und beenden". Das Bild wird ordentlich zurechtgeschnitten neben der Originalaufnahme mit der Namenserweiterung _ShiftN abgespeichert.

Die stürzenden Linien sind innerhalb einer Minute verschwunden.

Fotorecht

Möchten Sie die Fotos veröffentlichen so ist es wichtig sich mit dem teilweise unlogischem und stellenweise unscharf formulierten Urheberrecht und Recht am eigenen Bild etwas auseinanderzusetzen.

Als Veröffentlichung gilt schon die Fotos in Sozialen Medien im Internet für fremde Menschen sichtbar zu machen. Urheberrecht-Anwälte durchsuchen das Internet automatisiert nach bestimmten Bildern und versenden automatisiert Abmahnungen. Eine solche Abmahnung kostet dann richtig Geld. Es gibt leider Anwälte welche von diesen Abmahngebühren leben.

Urheberrecht

Erst 70 Jahre nach dem Tod des Künstlers erlischt das Urheberrecht auf dessen Werke. 200 Jahre alte Kunstwerke können Sie also im Normalfall fotografieren und veröffentlichen. Bei neueren Kunstwerken ist davon abzuraten. Es könnte ein Urheberrecht bestehen.

Fotografieren Sie den Eiffelturm in Paris am Tag können Sie das Foto veröffentlichen. Fotografieren Sie den angestrahlten Eiffelturm in der Nacht, so ist dieses Motiv heute urheberrechtlich geschützt, da die Scheinwerfer später angebracht wurden. Sie können das Foto nicht veröffentlichen ohne eine Abmahnung wegen der Verletzung des Urheberrechts zu bekommen.

Recht am eigenen Bild

Vermeiden Sie fremde Personen auf Bildern zu haben, welche Sie anschließend veröffentlichen wollen. Im Extremfall droht eine Abmahnung mit Abmahnkosten und Schmerzensgeld-Forderung.

Grundsätzlich darf jeder Mensch bestimmen, ob er fotografiert werden möchte und ob diese Bilder veröffentlicht werden dürfen. Sie benötigen also theoretisch vor der Veröffentlichung die schriftliche Erlaubnis aller erkennbar abgebildeten Personen.

Bilder auf denen die Person nur Beiwerk ist und Bilder von Versammlungen stellen Ausnahmen dar. Hier darf das Foto ohne Genehmigung veröffentlicht werden. Die Übergänge, ab wann eine Person Beiwerk ist, sind nicht klar geregelt.

siehe auch:
https://www.medienrecht-urheberrecht.de/fotorecht-bildrecht/158-recht-am-eigenen-bild-personenfoto.html

Zubehör

Stromversorgung

Neben genügend Speicherkapazität benötigen Sie Strom für ihre Kamera. Einen Ersatzakku sollten Sie immer mitnehmen. Sind Sie länger unterwegs sollten Sie auch ein Ladegerät zum Nachladen der Akkus dabei haben. Sinnvoll ist es wenn sich die Akkus (die Kamera) über USB nachladen lassen. Dann haben Sie die gleiche Technik zum Nachladen für Smartphone und Kamera. Eine Powerbank (großer externer Akku) zum Nachladen von USB-Akkus, ein USB-Adapter für den Zigarettenanzünder im Auto und ein USB-Adapter für die normale Steckdose verhindern nahezu immer, dass Sie plötzlich ohne Strom dastehen und nicht mehr fotografieren können.

Speicherkarten

Kaufen Sie die größtmögliche preiswerte Speicherkarte für ihre Kamera. Im Normalfall kommen Sie mit den vielen GB, welche heute angeboten werden, sehr lange hin. Machen Sie 10 Bilder und berechnen Sie wie viele Bilder auf die Karte passen.

Im Normalfall kommen Sie heute mit einer einzigen sehr großen Speicherkarte sehr lange hin.

Im Zweifelsfall kaufen Sie mehrere Speicherkarten, so dass Sie immer genügend Speichermedium dabei haben.

Blitzlicht

Neben dem in der Kamera eingebauten Blitz können Sie weitere Blitzlichter einsetzen. Diese lösen genau dann aus, wenn die Kamera den Verschluss öffnet. Dazu müssen diese Blitzlichter von der Kamera gesteuert werden. Dies ist oft nur bei hochwertigen Kameras möglich.

Optional können Sie normale Lampen außerhalb des Bildmotivs anschalten/aufstellen um das Bild über einen längeren Zeitraum zu beleuchten.

Postieren Sie die zusätzlichen Lichter seitlich des Motivs, oder hinter dem Hauptmotiv. Die Ausleuchtung des Bildes können Sie damit optimieren.

Filter

Bei guten Objektiven können Sie einen Filter vor das Objektiv schrauben und damit bestimmte Spezialeffekt erreichen.

Manchmal werden Filter mit geringer Farbbeeinflussung, zum Beispiel UV-Filter oder Skylightfilter, zum Schutz der Objektive eingesetzt.

Ein zerkratzter Filter ist preiswerter und einfacher auszuwechseln ist als ein gesamtes Objektiv.

Meist geht dies aber nur bei teuren Spiegelreflexkameras oder Kameras ähnlicher Bauart mit einem Gewinde am Rand des Objektives. Bei allen anderen Kameras können Sie einen solchen Filter nur vor das Objektiv halten, was aber oft nicht wirklich praktikabel ist.

Siehe auch:
https://de.wikipedia.org/wiki/Filter_(Fotografie)

http://www.fotolaborinfo.de/foto/filter.htm

Polarisationsfilter

Mit dem Polarisationsfilter lassen sich Reflexionen unterdrücken.

Zusätzlich wird der Himmel kontrastreicher (dunkles Blau) und das Grün der Vegetation kräftiger dargestellt.

Siehe auch:
https://de.wikipedia.org/wiki/Polarisationsfilter

Neutraldichtefilter

Mit dem Neutraldichtefilter lässt sich zu viel Licht von der Kamera fernhalten.

Dadurch können Sie bei heller Umgebung mit langer Belichtungszeit arbeiten und so Bewegungsunschärfe, zum Beispiel bei einem Wasserfall, erzeugen.

Wenn auf dem Bildmotiv bewegte Objekte wie Personen und Fahrzeuge stören, so können diese sich bewegenden Objekte durch eine lange Belichtungszeit so stark verwischen, dass diese auf dem späteren Foto nicht mehr sichtbar sind.

Siehe auch:
https://de.wikipedia.org/wiki/Neutraldichtefilter

Skylightfilter

Mit dem Skylightfilter erreichen Sie eine wärmere Farbwiedergabe, was besonders in der Landschaftsfotografie manchmal von Vorteil ist.

Siehe auch:
https://de.wikipedia.org/wiki/Skylightfilter

Fotos drucken

Es ist möglich die Fotos in einer guten Qualität am eigenen Drucker auszudrucken. Die Fotos sollten dazu eine Auflösung von mindestens 200 dpi haben.

Tintenstrahldrucker haben aber den Nachteil, dass die Fotos nicht wasserfest sind. Die Tinte verwischt, wenn diese mit feuchten Händen in Berührung kommt.

Eine bessere Haltbarkeit und eine gute Qualität bei optimalem Preis bieten Fotodienstleister wie:

http://www.foto.de

https://www.sparfoto.de

https://fotoservice.mediamarkt.de

https://www.mueller.de/foto/fotos.html

https://www.pixum.de/fotoservice.html

https://www.aldifotos.de

https://www.globus-fotoservice.de

https://www.fotopost24.de

http://foto.edeka.de

https://www.fotoparadies.de/fotos.html

weiterführende Links

allgemeine Infos

Unter https://de.wikipedia.org/ finden Sie eine ausführliche Erklärung zu nahezu allen wichtigen Themen der Fotografie.
Siehe auch:
https://de.wikipedia.org/wiki/Portal:Fotografie

Unter https://www.youtube.com finden Sie sehr viele Videos in denen Sie Tipps zum Fotografieren findet. Suchen Sie nach dem Schlagworten "fotografieren lernen".
Gute Videos sind beispielsweise:
https://www.youtube.com/watch?v=2XydGgorGXg

https://www.youtube.com/watch?v=fm3JUuF_VIU

Im Internet gibt es weitere gute Seiten zu Tipps zur Fotografie, zum Beispiel:
http://www.fotolaborinfo.de

Bildbearbeitungsprogramme

"Picasa" oder "GIMP" sind sehr umfangreiche kostenlose Bildbearbeitungs-Programme. Die Programme finden Sie unter:
https://www.heise.de/download/product/picasa-19449
bzw.

https://www.heise.de/download/product/gimp-4678

Paint unter Windows ist ein einfaches Programm um kleine Änderungen durchführen zu können. Das Programm wird mit dem Betriebssystem ausgeliefert.

Weitere Bildbearbeitungs-Programme finden Sie unter: https://www.heise.de.

ShiftN ist eine freie Grafiksoftware, welche die Korrektur stürzender Linien unterstützt. Weitere Informationen zur Software finden Sie unter: https://de.wikipedia.org/wiki/ShiftN

Die Software können Sie herunterladen unter: http://www.shiftn.de/

Fotodienstleister

Fotos , Fotobücher, Kalender,... können Sie preiswert bei folgenden Dienstleistern drucken und binden lassen:

http://www.foto.de

https://www.sparfoto.de

https://fotoservice.mediamarkt.de

https://www.mueller.de/foto/fotos.html

https://www.pixum.de/fotoservice.html

https://www.aldifotos.de

https://www.globus-fotoservice.de

https://www.fotopost24.de

http://foto.edeka.de

https://www.fotoparadies.de/fotos.html

www.ingramcontent.com/pod-product-compliance
Lightning Source LLC
Chambersburg PA
CBHW050237230526
45470CB00005B/1989